THÉORIE
musicale,

ou

Réponse au programme arrêté par le Ministre de l'instruction publique,
pour l'interrogatoire
des aspirans aux brevets de capacité des deux degrés;

suivie de **vingt cinq exercices** sur le **Rhythme**
et de calculs rationnels sur l'intonation

PAR VICTOR MAGNIEN,

Compositeur de Musique,
Directeur des Ecoles de Chant du Collége et Communales;
Ancien Vice-Président de l'Athénée du Beauvaisis, et Membre de la
Commission d'instruction primaire pour le département de l'Oise.

2.me **Edition revue et corrigée.**

Prix: 1 fr. 75 c.

BEAUVAIS,
Librairie et Papeterie
D'ÉMILE TREMBLAY ÉDITEUR,
Rue de la Taillerie, n.º 7.

se trouve.

à **PARIS**, chez **RICHAULT**, *Editeur de Musique,*
Boulevart Poissonnière, n.º 16.
à **CLERMONT**, chez **HUET-DANICOURT**, *Imp.r Libraire,*
à **SENLIS**, chez **REGNIER**, *Imprimeur Libraire,*
à **COMPIEGNE**, chez **DUBOIS**, *Libraire Papetier*
à **NOYON**, chez **COTTU**, *Imprimeur Libraire*
à **PARIS**, chez **L. HACHETTE**, *Libraire*

L'exposé des principes que renferme ce petit ouvrage suffira pour mettre les aspirans à même de pouvoir répondre aux exigences du programme.

On trouvera dans les vingt cinq exercices pratiques les mêmes ressources que l'on rencontre dans les solfèges élémentaires publiés jusqu'à présent, abstraction faite des procédés rationnels d'intonation que j'y développe. J'engage les professeurs de savoir à commenter dans leurs leçons ce système auquel je ne puis donner ici plus d'extension. Je ne saurais aussi trop recommander aux élèves intelligents, l'étude de ces principes qui, en leur apprenant à se rendre compte de l'intonation, acquerront en même temps, par l'analyse et la formation des accords parfaits sur les notes tonales et de septièmes, les premières notions de l'harmonie, science que nul musicien, aujourd'hui, ne devrait ignorer.

EXAMEN

théorique

et

Exercices d'application.

Première Partie.

Questions et exercices sur le Rhythme.

D. Quels sont, dans la musique écrite, les signes de durée et de l'interruption des sons? Nommez les figures des notes et des silences dans leur ordre de durée décroissante et relative?

R. Les signes de durée sont: la ronde, la blanche, la noire, la croche, la double-croche, la triple-croche, la quadruple-croche; ceux d'interruption sont: la pause, la demi-pause, le soupir, le demi-soupir, le quart de soupir, le huitième de soupir et le seizième de soupir.

Ronde,	Blanche,	Noire,	Croche,	Double-Croche,	Triple-Croche,	Quadruple-Croche.
Valant 2	Valant 4	Valant 8	Valant 16	Valant 32		Valant 64

Pause, Demi-Pause, Soupir, ½ Soupir, ¼ de soupir, ⅛ de Soupir, 1/16 de Soupir

D. Battez la mesure à 4 tems, 3 tems, 2 tems?
R. A 4 tems: en frappant, à gauche, à droite et en levant.
A 3 tems: en frappant, à droite et en levant.
A 2 tems: en frappant et levant.

Manière de battre la mesure

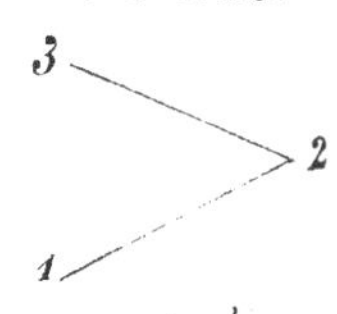

D. Qu'entend-on par le mouvement d'un morceau de musique, et combien distingue-t-on de mouvemens principaux?

R. On entend par mouvement le degré de vitesse ou de lenteur qu'exige le caractère de la pièce que l'on exécute. On en distingue cinq principaux.

D. Énoncez et écrivez les mots italiens et français qui indiquent les mouvemens principaux, et placez à côté quelques uns des mots qui annoncent des mouvemens intermédiaires entre chacun de ces mouvemens principaux.

R. Les mouvemens principaux sont :

Largo,	adagio,	andante,	allegro,	presto,
ou	ou	ou	ou	ou
lentement.	posément.	modérément.	gai, vif.	vite.

Mouvemens intermédiaires :

larghetto, affectuoso, andantino, allegretto.

D. Qu'est-ce qui distingue les mesures simples, les mesures composées et les mesures dérivées ?

R. Les mesures simples se distinguent par un seul chiffre ou une seule lettre ; les mesures composées ou dérivées, par un nombre fractionnaire.

D. Par quels chiffres ou par quelles lettres indique-t-on les mesures simples à quatre tems, à deux tems et à trois tems ?

R. À quatre tems, par un 4 ou un C ; à trois tems, par un 3 ; à deux tems, par un 2 ou un $\mathcal{C}$ barré.

D. Lorsqu'une mesure, composée ou dérivée, est indiquée par une fraction ou par un nombre fractionnaire, comme $\frac{2}{4}$ $\frac{3}{4}$ $\frac{12}{8}$ etc., que signifie chacun de ces chiffres ?

R. Le chiffre inférieur ou dénominateur indique le nombre de notes de valeur égale, faisant ensemble la valeur d'une ronde ; le chiffre supérieur ou numérateur montre combien il faut de ces mêmes valeurs pour remplir la mesure.

D. Énoncez les trois règles d'après lesquelles on peut reconnaître immédiatement à combien de tems il faut battre une mesure quelconque ?

R. La première est que les numérateurs impairs se battent toujours à trois tems ; le deuxième est que les numérateurs pairs se battent à deux ou à quatre tems, selon qu'ils sont divisibles sans fraction ; la troisième est que, dans les mesures à trois tems, quelquefois la vivacité des mouvemens presto et prestissimo ne laisse marquer que le premier tems ; c'est ce que l'on nomme mesure à un tems.

D. Quelle différence fractionnaire existe-t-il entre les six croches du $\frac{6}{8}$ et les six croches du $\frac{2}{4}$?

R. Les six croches du $\frac{6}{8}$ sont des huitièmes de rondes, tandis que les croches triolets du $\frac{2}{4}$ sont des douzièmes.

D. Quelle différence rhythmique ou métrique y a-t-il entre les mesures dites à tems bref, C, 2 et 3, ou leurs subdivisions, et les mesures dites à tems longs, $\frac{12}{8}$ $\frac{6}{8}$ $\frac{6}{8}$?

R. En comparant la mesure C, dite à tems bref, avec le $\frac{12}{8}$ appelé à tems longs, on verra facilement d'où leur vient cette dénomination, en réfléchissant que pour former un tems dans la mesure au C, il faut une noire ou deux croches, et qu'un tems de la mesure $\frac{12}{8}$ exige une noire pointée ou trois croches. Il en est de même de $\frac{2}{4}$ avec $\frac{6}{8}$, de $\frac{3}{4}$ avec $\frac{9}{8}$.

D. Prononcez, en mesure et sans musique écrite, des successions diatoniques de notes groupées symétriquement, comme serait la mesure suivante à 4 tems :

R. | 1.er exemple. | 2.e exemple.
   | blanche, noire, noire, ou noire, blanche, croche, croche.
   | do   ré   mi   do   ré   mi   fa

Dans le premier exemple qui est à 4 temps, la blanche vaut deux tems, et chaque noire un ; dans le second, la noire vaut un tems, la blanche deux et les deux croches un tems.

De l'intonation musicale.

D. Qu'est-ce qu'un son en général, et qu'est ce qu'un son musical en particulier ?

R. Le son en général est la sensation que nous recevons par l'organe de l'ouïe, le bruit, le cri. Le son musical en particulier est celui de la voix chantante et des instrumens.

D. Dites les sept syllabes usitées pour nommer les sons musicaux ?

R. Do, ré, mi, fa, sol, la, si.

D. Qu'est-ce que solfier, vocaliser et chanter ?

R. Solfier, c'est en entonnant des sons prononcer les syllabes de la gamme ; vocaliser, c'est entonner en prononçant une même voyelle ; chanter, c'est donner le son des notes aux syllabes des paroles mises en musique.

D. Qu'est-ce qu'un intervalle musical ?

R. C'est la distance d'un son à un autre.

D. Quels sont les deux intervalles élémentaires dont se composent les intervalles musicaux ?

R. Ce sont les intervalles consonnans et dissonnans, formés de tons et de demi-tons.

D. Combien la gamme diatonique comprend-elle de tons et de demi-tons ?

R. Cinq tons et deux demi-tons.

D. Quelle est la position respective de ces tons et demi-tons ?

R. La position des demi-tons se trouve du troisième au quatrième degré d'une gamme, et du septième au huitième. Les autres degrés renferment un ton.

D. Quelle différence caractéristique existe-t-il entre la gamme chromatique et la gamme diatonique ?

R. La gamme chromatique procède par demi-tons consécutifs et la gamme diatonique par tons et par demi-tons.

D. Tracez une portée ?

Portée.

D. Dessinez les trois clefs.

R. Clef de sol,   Clef de Fa,   Clef d'Ut,

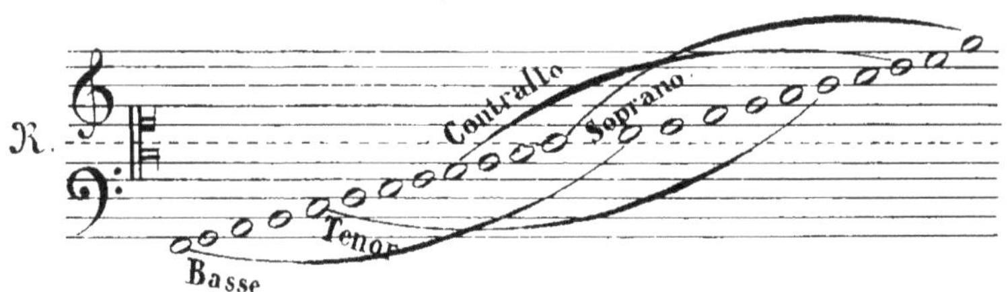

D. Prouvez la nécessité de ces trois clefs pour indiquer la position respective des diverses voix d'hommes, de femmes et d'enfans, et pour déterminer le degré réel de l'élévation de ces voix dans l'échelle générale des
sons musicaux, en un mot indiquez le diapason, ou l'étendue naturelle
de ces différentes voix

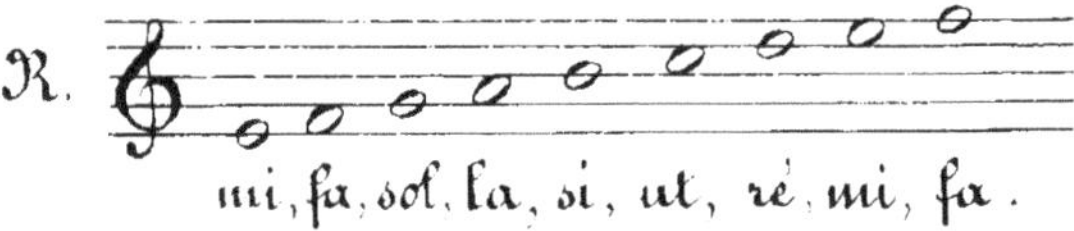

R.

D. Nommez les lignes et les interlignes de la portée avec clef de sol.

R.

mi, fa, sol, la, si, ut, ré, mi, fa.

D. Solfiez la gamme diatonique et l'accord parfait en touchant les positions des notes, soit sur la portée, soit sur la main droite, dont les cinq
doigts seront étendus et placés de manière à représenter les cinq lignes
de la portée.

Gamme diatonique.   Accord parfait.

R.

D. Nommez successivement les intervalles de seconde, de tierce, etc.

R. La seconde, la tierce, la quarte, la quinte, la sixte, la septième
et l'octave. La seconde est l'intervalle d'un degré qui comprend deux
notes, comme d'ut à ré ; la tierce, de deux degrés qui comprennent trois
notes, comme d'ut à mi ; la quarte, de trois degrés qui comprennent quatre notes, comme d'ut à fa, etc.

D. Qu'entend-on par progression, en parlant d'intervalles musicaux ?

R. On entend la répétition d'un même intervalle à partir de chaque degré: ut ré, ré mi, mi fa, sont des progressions de secondes, de même que ut mi, ré fa, mi sol, sont des progressions de tierce.

Remarque. Ut, ré, mi, fa, sol, etc, sont des successions de secondes; ut mi, sol si, etc., sont des successions de tierce, etc.

D. Solfiez sur une portée sans notes ou sur la main, tout ou une partie d'une progression de seconde, de tierce, etc.

Progression de Tierces.

R.

D. Quelle différence d'élévation y a-t-il entre le majeur et le mineur d'un même intervalle?
R. La différence est d'un

D. Nommez et écrivez en notes naturelles, ou en notes bémolisées ou diésées, deux sons qui forment une seconde majeure.

Secondes majeures.

R.

D. Nommez et écrivez en notes naturelles, bémolisées ou diésées deux sons qui forment une seconde mineure.

Secondes mineures

R.

D. Solfiez à vue ou de mémoire un chant ou fragment de chant qui offre des successions de secondes?
R. La succession de secondes n'est autre chose que la gamme.
D. Combien la tierce majeure comprend-elle de tons?
R. Deux tons.
D. Quelles sont les trois notes de la gamme dont la tierce est majeure?
R. Ce sont les trois notes tonales.
D. Nommez et écrivez deux notes qui forment une tierce majeure.

Tierces majeures.

R. Ex. 1er

Q. Citez un début de chant qui soit tierce majeure, et, au moyen de ce type d'intervalle, entonner la tierce d'un son quelconque?

R. Il faut apprécier le début d'un chant d'après les tierces majeures, 1.er exemple, ut mi, fa la, sol si, et comparer ce début à celui de l'air même que l'on voudra citer en réponse à cette question.

Q. Combien la tierce mineure comprend-elle de tons?

R. Un ton et un demi-ton.

Q. Nommez et écrivez une tierce mineure.

Tierces mineures.

R. Ex. 2 

Q. Citez un début de chant qui soit tierce mineure, et entonnez ensuite la tierce mineure d'un ton quelconque.

R. Même observation que pour le début d'un chant par une tierce majeure.

Q. Solfiez à vue ou de mémoire un chant ou fragment de chant qui offre des successions de tierces.

R. Voyez la réponse à la question ci-dessous : Qu'entend-on par progression en parlant, etc.

Lecture courante musicale, et exécution vocale.

Q. Qu'est-ce que la mélodie, et qu'est-ce que l'harmonie?

R. La mélodie est une succession de sons qui forment un chant agréable. L'harmonie est une succession d'accords.

Q. Qu'appelle-t-on choristes?

R. Celui qui fait partie d'un chœur.

Q. Qu'est-ce qu'un chef-d'attaque?

R. Le choriste chargé de conduire les chanteurs qui exécutent une même partie.

Q. Quel est le chanteur que l'on nomme coryphée?

R. C'est celui qui, dans les chœurs, est chargé de dire les solos.

Q. Par quels mots et par quelles lignes indique-t-on, sur la copie ou sur la gravure, les principales nuances de goût et d'expression?

R. Par Crescendo.  et par Decrescendo.

Q. Tracez et dites la signification de certains signes usuels de l'écriture musicale, tels que reprises, renvois, da capo, guidons, point d'arrêt et point d'orgue.

Reprise, Renvoi, Da capo, Guidon, Point d'arrêt,

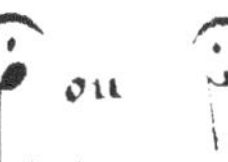

Le point d'orgue, ou *cadenza*, est un passage brillant que fait la partie principale sur un repos.

Point d'Orgue.

D. Qu'est-ce que filer un son?

R. C'est le commencer pianissimo, l'augmenter insensiblement jusqu'au forte, et le diminuer de manière à revenir graduellement au pianissimo. Cette intention s'indique de cette manière:

D. Qu'entend-on par attaquer un son, et comment faut-il l'attaquer?

R. C'est commencer un morceau de musique ou reprendre dans son cours. On attaque, avec plus ou moins de force, selon que le caractère de musique l'exige: en général un son s'attaque mezzo forte.

D. Quels sont les avis à donner relativement à la position de la tête, à l'ouverture de la bouche, à l'aspect de la face, et au maintien de l'exécutant?

R. On doit avoir la tête haute, la bouche bien ouverte, et se tenir surtout en garde contre les grimaces et les contorsions.

D. En quoi consiste la bonne prononciation?

R. Elle consiste dans la netteté et la précision de l'articulation.

D. Qu'est-ce que l'articulation, et comment doit-on articuler en raison du lieu où l'on chante?

R. L'articulation est la manière d'émettre chaque syllabe des paroles en même-temps que chaque note de musique. On articule plus ou moins fort, relativement à la grandeur du vaisseau où l'on chante.

D. Qu'est-ce qu'une note syncopée, et comment reconnaît-on la syncope?

R. C'est une note qui commence sur le temps faible, ou sur la partie faible du temps, et finit sur le temps fort, ou sur la partie forte du temps.

D. Qu'est-ce que des notes coulées? Quelle est la règle d'exécution de ces notes?

R. Ce sont des notes couvertes d'un trait arqué. On coule en articulant en une seule fois la série de notes coulées.

Exemple

Notes coulées.

D. Qu'est ce que le détaché ou staccato? Quelle est la règle d'exécution de ces notes?

R. Le détaché ou staccato est bref, sec; au lieu de soutenir les notes pendant toute leur valeur, on les sépare par des silences pris sur ces mêmes valeurs.

Notes détachées ou staccato.   Résultat.

D. En quoi le port de voix ou portamento consiste-t-il, et quand peut-on le pratiquer?

R. Il consiste à faire glisser la voix promptement par une liaison fort légère, qui part de la première note pour passer à celle qui la suit, en l'anticipant. Il y a deux manières de porter la voix ou les sons: la première, en tirant plusieurs sons d'égale valeur, qui procèdent par degrés conjoints et disjoints; la deuxième se pratique en portant la voix entre deux sons, qui procèdent par degrés disjoints seulement (1)

D. Quelle différence d'exécution doit on apporter entre le portamento ascendant et le portamento descendant?

R. Si le portamento se fait du grave à l'aigu, on passe du doux au fort; s'il se fait de l'aigu au grave, on passe du fort au doux.

D. Est il de bon goût d'employer sans réserve le port de voix?

R. Non il faut en user avec réserve et mettre de la variété dans son exécution.

D. Qu'est ce que l'appoggiatura?

---

(1) Le degré conjoint est le plus petit des intervalles, comme la seconde, la gamme est une suite de degrés conjoints. Le degré disjoint est celui qui renferme un plus grand intervalle que celui de seconde, comme d'ut à mi, d'ut à fa, d'ut à sol, etc.

R. C'est une petite note sur laquelle on appuie avant d'attaquer la note principale; de là lui vient le nom d'appoggiature qui veut dire appuyer.

D. Quelles sont les règles de son exécution? Donnez un exemple de son emploi dans le chant?

R. Lorsqu'on la pose au dessus de la note principale, elle peut former l'intervalle d'un ton ou d'un demi-ton, quand elle est posée dessous, l'intervalle n'est jamais que d'un demi-ton.

D. Quelle différence d'exécution faut il observer entre la petite note employée pour le port de voix ou pour l'appoggiatura?

R. C'est que l'appoggiatura vaut généralement la moitié de la note dont elle est suivie, tandis que le port de voix passe imperceptiblement.

Tonalité.

D. Quel est, dans l'écriture musicale, l'effet des signes: dièse, double dièse, bémol, double bémol et bécarre?

R. Le dièse élève l'intonation d'un demi-ton, le double dièse d'un ton; le bémol l'abaisse d'un demi ton, le double bémol d'un ton; le bécarre ramène l'intonation dans son état naturel.

D. Tracez ces signes.

R. Dièse ♯, Double Dièse 𝄪, Bémol ♭, Double Bémol ♭♭, Bécarre ♮.

D. Qu'entend on par notes diésées, bémolisées et naturelles?

R. Les notes précédées d'un dièse, ou d'un bémol, ou d'un bécarre.

D. Dans le passage chromatique ut, ut dièse, ré, l'ut dièse est il plus près du ré que de l'ut?

R. L'ut dièse est plus près du ré.

D. Et dans le passage ré, ré bémol, ut, le ré bémol est il plus près de l'ut que du ré naturel?

R. Le ré bémol est plus près de l'ut.

D. Quelle note appelle-t-on la tonique dans une gamme ou dans un chant composé avec les notes de cette gamme?

R. On appelle tonique la note sur laquelle le ton est établi.

D. Pourquoi dit-on qu'un morceau de musique est en ut, en fa, en ré?

R. Il est en ut quand cette corde devient tonique, il est en fa quand la tonique est fa, etc.

D. Solfiez la gamme d'ut et dites un chant qui soit tiré de cette gamme ?

Gamme d'Ut.   **Chant tiré de la Gamme d'Ut**

D. Solfiez la gamme de fa et transposez ce même chant en fa ?

R. En montant d'une quarte, à partir de la tonique ut, vous aurez fa tonique de la gamme de fa.

Gamme en Fa.   **Chant tiré de la Gamme en Ut transposé en Fa.**

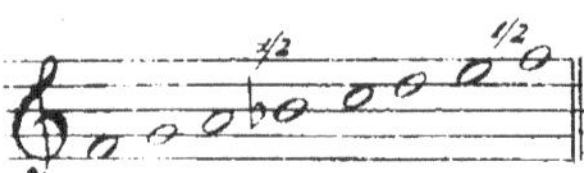

D. Qu'est ce que des dièses ou bémols constitutifs, et où les place-t-on dans la musique écrite ?

R. Les dièses ou bémols constitutifs sont ceux qui déterminent ou constituent le ton.

D. Qu'est ce que armer une clef, et comment les signes de l'armure agissent-ils sur les notes de la pièce de musique ?

R. Armer la clef, c'est y placer des dièses ou des bémols qui agissent sur toutes les notes qui en sont affectées, de même qu'à toutes les octaves.

D. Qu'est ce que les dièses ou bémols accidentels, et quel en est l'effet momentané ?

R. Ce sont les dièses ou bémols que l'on rencontre à la gauche de la note dans le cours d'un morceau ; ils agissent dans la mesure, sur toutes les notes qui portent le même nom, à moins qu'un bécarre ne vienne en détruire la propriété.

D. Dans quel ordre générateur et différent les dièses et les bémols constitutifs se présentent-ils à la clef ?

R. Les dièses de quinte en quinte en montant, et les bémols de quarte en quarte.

D. Nommez les dièses constitutifs dans leur ordre générateur ?

R. Fa, ut, sol, ré, la, mi, si.

D. Nommez également les bémols constitutifs dans leur ordre générateur ?

R. Si, mi, la, ré, sol, ut, fa.

D. Écrivez plusieurs gammes en les disposant perpendiculairement les unes sous les autres, de manière à prouver la nécessité des dièses ou des bémols constitutifs pour qu'elles soient identiques avec leur type général ?

D. Quelles sont, dans la gamme, les trois notes dites tonales et invariables parce qu'elles déterminent le ton ?

R. Ce sont les première, quatrième et cinquième notes d'une gamme.

D. Quelles sont les trois notes dites modales et variables parce qu'elles caractérisent le mode ?

R. Ce sont les tierces supérieures des notes tonales.

D. Qu'est-ce qui caractérise le mode majeur ou mineur d'un ton quelconque ?

R. C'est la tierce.

D. Ecrivez la gamme ascendante et descendante en mode mineur, et dites, au fur et à mesure, pourquoi telle note sera invariable, et pourquoi telle autre sera variable.

La gamme diatonique engendrée par l'accord parfait mineur des trois notes tonales, ôte à la septième note son caractère de note sensible; il faut, pour le lui rendre, mettre le septième degré à un demi ton de la tonique, ce que l'on obtiendra en élevant l'intonation par un dièse, on remarquera alors que si on n'élevait pas l'intonation du sixième degré d'un demi-ton, il y aurait, de ce degré au septième, un ton et demi, intervalle dur à l'oreille et difficile à entonner; pour l'éviter, on conserve le plus souvent le même intervalle que dans le mode majeur. Il ne reste, par conséquent, que la troisième note qui caractérise le mode mineur ascendant. Quant à cette gamme descendante, on observe les trois notes variables, à moins que l'expression musicale n'exige par sa durée une seconde augmentée de la septième à la sixième note descendante, ce qui donnerait dans l'exemple ci-dessus sol dièse, fa naturel.

D. En quoi consiste la différence d'armure du majeur au mineur d'un même ton ?

R. Elle consiste dans un ton majeur avec des dièses, à en retrancher trois pour l'armure du mineur si le nombre est supérieur à trois, on substitue autant de bémols qu'il y a de dièse manquant. Dans un ton majeur avec des bémols, au lieu d'en retrancher trois pour l'armure du mineur, il faut les ajouter.

D. Quand il n'y a qu'un dièse pour le mode majeur, qu'y a-t-il pour le mode mineur ?

R. Deux bémols.

D. Quand il y a deux dièses au majeur, qu'y a-t-il au mineur ?

R. Un bémol.

D. Qu'est-ce que des modes relatifs, et donnez plusieurs exemples de ces modes ?

R. Ce sont les modes des deux tons résultant d'une même armure, tels sont : ut majeur et la mineur, si bémol majeur et sol mineur, mi majeur et ut dièse mineur, etc.

D. Quel est l'intervalle qui sépare les toniques de deux tons et modes relatifs ?

R. L'intervalle est d'une tierce mineure.

D. Le dernier dièse d'une gamme majeure, étant la septième note de cette gamme, quel est le ton, mode majeur, quand la clef est armée d'un dièse, de deux, de trois dièses, etc. ?

R. Le dernier dièse qui est à la clef étant la note sensible du mode majeur, le tonique se trouve nécessairement un degré au-dessous. Si la clef est armée d'un dièse, on aura pour tonique sol, avec deux dièses ré, avec 3 dièses la, avec 4 dièses mi, avec 5 dièses si, avec 6 dièses fa dièse, avec 7 dièses ut dièse.

D. Le dernier bémol d'une gamme majeure étant la quatrième note de cette gamme, ou ce qui est la même chose, la tonique étant l'avant-dernier bémol d'un ton qui a plus bémol à la clef, quel est le ton mode majeur quand la clef est armée d'un bémol, de 2 bémols, de trois bémols, etc. ?

R. Du dernier bémol qui est à la clef à celui qui le précède, il y a l'intervalle d'une quarte en descendant ; par conséquent, ne pouvant prendre pour tonique le nom de l'avant-dernier bémol lorsqu'il n'y en a qu'un, il faut descendre, d'après ce principe, d'une quarte pour trouver la tonique. Avec un bémol à la clef, qui sera si bémol, j'aurai pour tonique majeur fa : avec 2 bémols, si bémol : avec 3 bémols, mi bémol : avec 4, la bémol : avec 5, ré bémol : avec 6, sol bémol : avec 7, ut bémol.

D. Les deux tons ou modes relatifs, ayant la même armure, quelle est la note qui, dans les premières mesures peut annoncer le mode mineur ?

R. C'est la quinte du mode majeur élevée d'un demi-ton.

D. Tracez une portée, armez la clef d'un certain nombre de dièses ou de bémols, et dites dans quel cas le ton pourra être en majeur ou en mineur avec cette armure ?

R. J'ai dit que la quinte du mode majeur annonçait le mode mineur, mais il faut pour cela qu'elle devienne note sensible du mode relatif; en conséquence, le mode est mineur quand on trouve l'intonation de cette quinte élevée d'un demi-ton. Ainsi, dans l'exemple premier, on voit que mi, qui est la quinte de la, n'est point altéré, le mode est majeur. Dans l'exemple deuxième, l'intonation de cette quinte étant élevée d'un demi-ton, elle devient note sensible de la tonique fa mode mineur.

D. Quelle est la règle générale qui peut servir à faire connaître le ton et le mode d'un morceau de musique d'après la note finale de la mélodie ou de la basse d'accompagnement?

R. On peut connaître le ton d'un morceau de musique par le nom de la note qui finit une mélodie qui est ordinairement la tonique, surtout à la basse; quant au mode, ce sont les signes de l'armure qui l'indiquent.

D. Quels sont les dièses ou les bémols constitutifs en ré majeur, en si mineur, en mi bémol, en fa mineur?

R. En ré majeur c'est fa et ut, de même en si mineur qui est son relatif. En mi bémol c'est si bémol, mi bémol, la bémol. En fa mineur c'est le si bémol, mi bémol, la bémol et ré bémol, de même que son relatif majeur la bémol.

Tons et Modes enharmoniques.

D. Qu'est-ce qu'une transition enharmonique?

R. C'est un changement de ton qui s'opère sur les deux notes d'un degré conjoint, mais ramenées à l'identité d'intonation.

D. Nommez deux notes enharmoniques?

R. Ut dièse, ré bémol, ou fa bémol, sol dièse, ut bémol si naturel.

D. Combien y a-t-il de dièses en ut dièse majeur, et combien de bémols dans le ton enharmonique, ré bémol majeur?

R. En ut dièse majeur il y a 7 dièses, en ré bémol majeur il y a 5 bémols.

D. Quel est le total des signes de l'armure de deux tons enharmoniques, comme ut dièse et ré bémol?

R. Le total est de douze, montant de la gamme chromatique.

D. Donnez d'autres exemples du même total.

R. En fa dièse majeur, il y a six dièses à la clef; en sol bémol, son enharmonique, il y a six bémols, ensemble douze.

D. Dans quel cas le ton et le mode peuvent-ils être incertains?

R. Le ton est incertain par l'absence de la quinte, et le mode par l'absence de la tierce.

Plain-Chant.

D. Qu'est ce que le plain-chant ?

R. C'est le nom que l'on donne au chant ecclésiastique.

D. De combien de lignes la portée du plain-chant est-elle formée ?

R. Elle est formée de quatre lignes parallèles.

D. Tracez les principales figures de notes du plain-chant, et faites connaître celles qui sont communes au plain-chant et à la musique.

R. Les figures de notes du plain-chant sont :

La longue   La brève.   La semi-brève.

Deux de ces figures de notes sont communes à la musique, ce sont la carrée ou brève, et la semi-brève ou ronde.

D. Quels sont les autres signes communs à la musique et au plain-chant ?

R. Les autres signes communs sont le guidon, la barre et la double-barre. On emploie aussi dans le plain-chant musical la liaison et le point.

D. Quelles sont les deux clefs dont on se sert dans le plain-chant, et tracez-les ?

R. Celle de fa et celle d'ut.

Clef de fa.   Clef d'ut.

D. Le dièse et le bémol sont-ils employés dans le plain-chant ?

R. Oui, mais le bémol s'emploie beaucoup plus souvent que le dièse, quoique ce dernier se fasse sentir sans qu'il soit marqué devant la note qui monte diatoniquement à la finale.

D. De quelle manière le plain-chant doit-il être chanté ?

R. Il faut donner de la rondeur à la voix, et observer les mêmes principes que pour l'exécution musicale, en ayant égard à la différence du genre.

D. Combien y a-t-il de tons ou modes dans le plain-chant ?

R. Il y en a huit, qui sont les tons réguliers, dont quatre authentiques ou principaux ; on leur donne aussi le nom de supérieurs, parce qu'ils montent de huit ou neuf notes au-dessus de la finale. Les tons 1, 3, 5, 7, sont authentiques ; les tons 2, 4, 6, 8, sont nommés plagaux ou collatéraux ; ils se nomment aussi inférieurs, parce qu'ils descendent de quelques notes au-dessous de la finale. Outre ces tons, il y en a d'autres nommés mixtes et irréguliers. Un ton est mixte lorsqu'une pièce de plain-chant excède l'octave de plusieurs degrés, et que son étendue est égale à celle de deux tons réunis. On appelle tons irréguliers, ou plutôt pièce irrégulière, une pièce de musique dont il est difficile de déterminer le ton, parce qu'elle ne paraît appartenir à aucun des tons du plain-chant.

Q. Quelles sont les deux notes qui font distinguer le ton d'une pièce de plain-chant ?

R. Ces deux notes sont la finale et la dominante.

Seconde Partie. (1)

Rhythme.

Q. Énoncez toutes les valeurs fractionnaires de notes entre la ronde et la double-croche par augmentation progressive d'une seule figure de note, comme une ronde ou deux blanches, ou trois blanches en triolets, ou quatre noires, ou cinq noires pour quatre tems, etc.

R. Il y a entre le triolet, qui est de trois pour deux, d'autres valeurs de 5, 6, 7 pour quatre, de 9, 10, 11, pour huit, de 15, 17 et 18 pour 16. Ces valeurs s'emploient rarement, et sont indiquées par un ou deux chiffres qui marquent la quantité de ce qu'elles représentent.

Q. Donnez des changemens d'accentuation musicale, causés par le déplacement du scandé ?

R. Le scandé se place sur chaque tems de la mesure, et s'exécute de manière à les préciser; il se déplace d'après les variétés du rhythme provenant de la progression binaire ou ternaire des notes. (2)

Ex.

Dans la première mesure chaque tems est scandé; dans la seconde, le scandé se place au premier tems sur le ré, au second sur le fa, au troisième sur le fa, au quatrième sur le mi croche, et à la troisième mesure, en commençant le premier tems de la ronde.

Q. Battez la mesure à cinq tems et la mesure à un tems, et lisez quelques passages écrits avec ces mesures ?

R. Pour battre la mesure à cinq tems, le premier se fait en frappant

---

(1) Les aspirans au brevet de capacité de l'instruction primaire supérieure sont tenus de satisfaire aux questions de cette seconde partie.

(2) On nomme binaire ce qui est composé de deux unités; et ternaire ce qui est composé de trois. La mesure à deux tems est une mesure binaire; la mesure à trois tems est une mesure ternaire.

le deuxième se fait à droite ; le troisième en levant, le quatrième en frappant, et le cinquième en levant.

Mesure à 5 tems.   Mesure dite à 1 tems.

Intonation.

D. En quoi les intervalles simples diffèrent-ils des intervalles composés ou multipliés ?

R. Ils diffèrent en ce que les intervalles simples restent dans les limites de l'octave, et que les intervalles composés l'excédent.

D. Dressez une table de variétés d'un même intervalle, comme seconde diminuée, ou mineure, ou majeure ou augmentée ?

R. Les intervalles majeurs et mineurs peuvent se présenter comme augmentés ou comme diminués. Un intervalle est augmenté quand l'intonation est plus élevée d'un demi-ton que le même intervalle majeur ; il est diminué lorsque son intonation est moins élevée d'un demi-ton que celle de l'intervalle mineur.

Exemple.

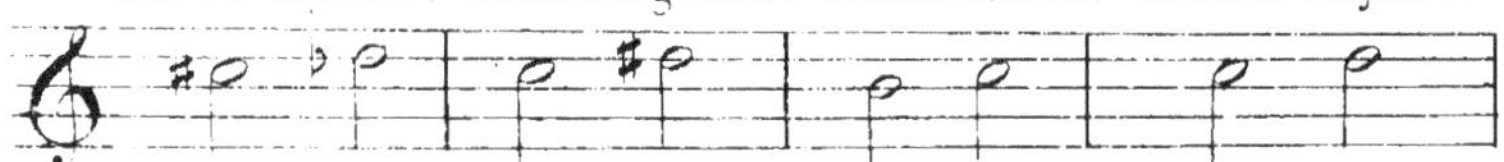

D. Dites la différence qu'il y a entre la syncope régulière et la syncope brisée, et donnez des exemples ?

R. La différence est que la syncope régulière est égale de deux côtés, tandis que la syncope brisée est moindre d'un côté que de l'autre.

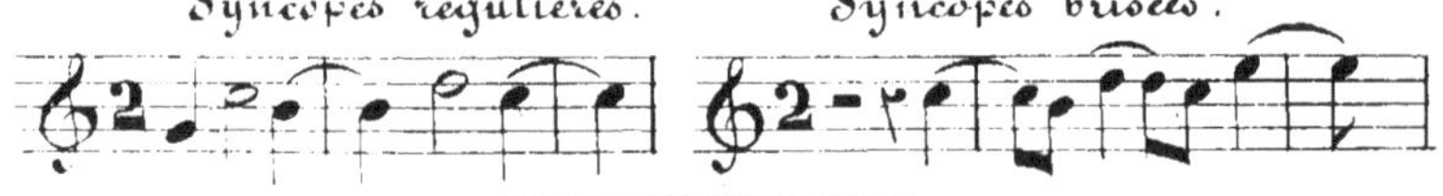

Tonalité.

D. Quelle fraction de ton existe-t-il entre le demi-ton chromatique ut, ut dièse, et le demi-ton diatonique ut dièse, ré ?

R. La différence est d'un comma ou d'un neuvième de ton (1).

D. Faites connaître l'origine et la génération des sons de la

(1) Un ton se partage en neuf commas, il y a, du demi-ton chromatique ut à ut dièse, cinq commas, et du demi-ton diatonique ut dièse à ré, quatre commas.

gamme diatonique. Continuez l'analyse des produits harmoniques des trois notes tonales de chaque ton, mode majeur, et dévoilez ainsi l'origine et la génération des sons de la gamme chromatique, c'est à dire de tous les sons qu'il est possible d'employer dans la composition musicale?

R. Une corde tendue donne dans sa totalité un son pleinement entendu que je nommerai ut. Ce son principal fait entendre faiblement son octave, sa quinte, sa double octave, la tierce et la quinte de la double octave.

Produits harmoniques.

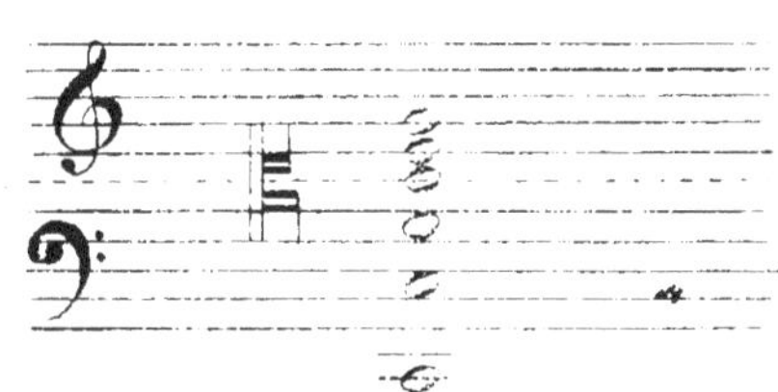

En faisant entendre avec la même intensité les produits harmoniques, et les rapprochant du son principal ut, j'aurai ce que l'on nomme un accord parfait. Entre le premier son, sa quinte à l'aigu et sa quinte au grave, il y a relation intime; ainsi, ut a pour relation intime sol à l'aigu et fa au grave; ce sont ces trois notes que l'on nomme notes tonales. En prenant chacune de ces notes tonales pour son principal vous aurez trois accords parfaits ut mi sol, sol si ré, fa la ut, ce qui constitue la gamme en les rangeant dans l'ordre diatonique ut ré mi fa sol la si ut.

D. Composez des gammes majeures par l'emploi des seules notes harmoniques, de chacune des notes tonales 1.4.5. Passez du majeur au mineur en rendant mineures les tierces des notes tonales?

R. J'ai démontré que la génération de trois notes tonales fournissait les huit sons de la gamme diatonique. En formant de nouveaux accords à partir du ré, comme ré, fa dièze, la; la, ut dièze, mi; mi sol dièze, si, etc.. après dix accords de même espèce on aura pour tonique ut dièze, qui est l'enharmonique de fa, point duquel on fait partir. Cette opération vous présente une série de douze accords différents, dans lesquels vous trouvez les notes de la gamme chromatique ascendante; et pour enharmonique, les notes de la gamme chromatique descendante. Telle est l'origine de tous les sons.

Gamme majeure, produit des trois notes tonales.

Gamme mineure, produit des tierces mineures des trois notes tonales.

Ex.

D. Donnez des développemens et des exemples sur les tons d'modes incertains, sur les tons et modes analogues, sur les modulations ordinaires et extraordinaires?

R. Un ton est incertain par l'absence de la quinte, de même qu'un mode par l'absence de la tierce, ce qui peut se rencontrer dans une mélodie; dans cette hypothèse on a recours à l'harmonie et surtout à la basse, où l'on trouve les notes absentes de la mélodie.

On entend par tons et modes analogues ceux qui ont le plus de rapport entr'eux, comme les notes tonales et leurs relatifs; en changeant de ton d'après ces rapports on produit des modulations ordinaires. Elles sont extraordinaires lorsqu'elles sont brusques et inattendues, parce qu'elles ont moins de rapports entr'elles; il faut, pour en conserver, garder au moins une note de l'accord duquel on sort.

Analyse mélodique de la phrase musicale.

Q. Sous le rapport de la forme mélodique qu'entend-on en musique par phrase et période musicale?

R. On entend par période musicale une phrase composée de plusieurs membres, dont la réunion forme un sens complet.

Q. Quels sont les élémens constitutifs de la phrase musicale?

R. Ces élémens sont le rhythme, la symétrie, le dessin, la répétition, l'imitation et l'incise.

Q. Qu'est-ce que le rhythme, le dessin, la symétrie, la répétition, l'imitatition et l'incise?

R. Le rhythme est la différence des mouvements qui résulte de la vitesse ou de la lenteur, de la longueur ou de la brièveté des tems; on forme un rhythme par l'emploi convenable de diverses valeurs de note. Le dessin est la disposition de chaque partie. La symétrie est le rapport de durée et d'intonation que les parties ont entr'elles. La répétition, c'est le retour du même chant dans la même partie et sur les mêmes cordes. L'imitation consiste à transposer le même dessin à quelqu'autre intervalle que ce soit. L'incise est une petite phrase qui prend place dans la période.

Q. Qu'est-ce qui tient lieu de ponctuation dans la phrase musicale?

R. La cadence. Il y a deux sortes de cadences principales: la cadence sur la tonique qui termine le sens musical; elle est en musique ce qu'est le point dans le discours. La cadence sur la dominante suspend le sens musical et correspond au point et virgule ou deux points. Il y a d'autres repos plus ou moins suspensifs, qui équivalent à la virgule.

Q. Qu'entend-on par prosodier et phraser en chantant?

R. C'est, dans la musique vocale, avoir soin d'observer les longues et les brèves, et par conséquent éviter le repos sur les syllabes qui pourraient interrompre le sens du discours.

Exercice sur la ronde, procédant par degrés conjoints.

Gamme type.

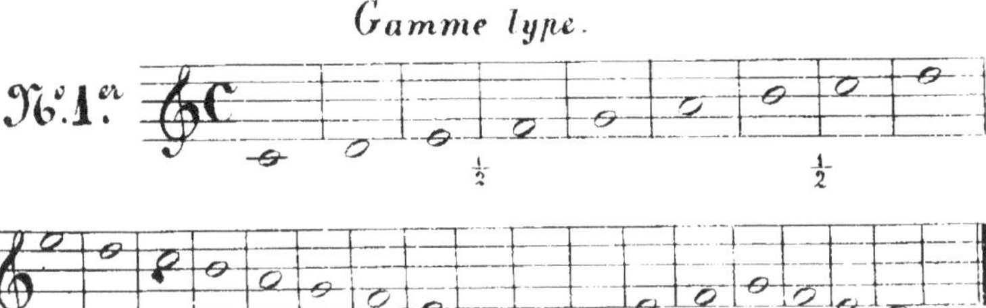

Exercice rhythmique sur la ronde, la blanche et leurs signes d'interruption. Intonation provenant de l'accord parfait majeur, premier degré.

L'accord parfait majeur est composé de la note sur laquelle on veut l'établir, de sa tierce majeure, de sa quinte naturelle et de son octave.

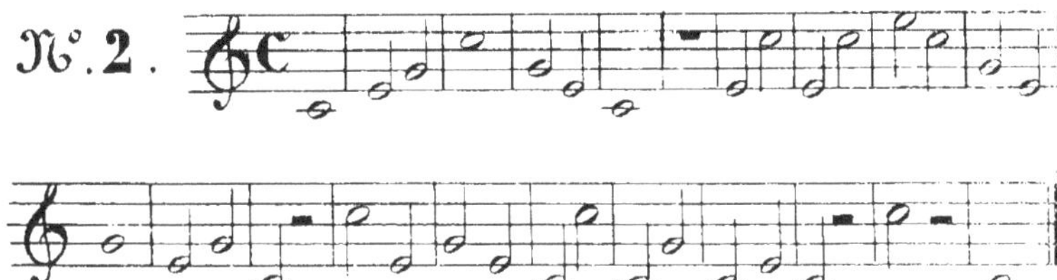

Application des principes du second exercice avec l'emploi des degrés conjoints.

Exercice rhythmique sur la ronde, la blanche, la noire, et leurs signes d'interruption. Intonation provenant des accords parfaits majeurs, premier, cinquième degrés, et d'intervalles conjoints.

Application des principes du quatrième Exercice, avec l'emploi de l'accord parfait quatrième degré.

Exercice dans la mesure au **C**, récapitulant les principes d'intonation émis jusqu'à présent.

Exercice par dégrés conjoints des quatre signes de durée avec leurs interruptions.

Exercice composé, sous le rapport de l'intonation, de degrés conjoints et d'intervalles pris dans les accords parfaits majeurs premier, quatrième et cinquième degrés.

Les combinaisons rhythmiques sont formées des quatre premiers signes de durée et d'interruption.

Résumé des dispositions précédentes que peut comporter la mesure à 3/4.

Exemple type sur l'accord de septième cinquième degré.

En ajoutant une tierce mineure à l'accord parfait majeur cinquième degré, on obtient un accord de septième mineur, sol, si, ré, fa.

Tout intervalle composé des mêmes distances se chante de la même manière; seulement, le point de départ rend le résultat plus ou moins haut, plus ou moins bas; l'air n'est pas moins toujours le même.

Il faut, dans cette leçon, que l'élève s'exerce surtout à deux choses principales :

1.° Se familiariser avec les intonations de cet accord.

2.° Apprendre à le reconnaître dans toutes ses positions.

Résumé des dispositions précédentes, avec l'emploi de l'accord de septième cinquième degré.

Continuation des principes émis, avec l'adjonction du point. (1)

N.º 12

(1) Le point qui a été négligé dans les questions du programme, a besoin ici d'être expliqué. Placé après un signe de durée ou d'interruption, le point en augmente la valeur de moitié. On se sert aussi du double point qui augmente la durée des trois quarts.

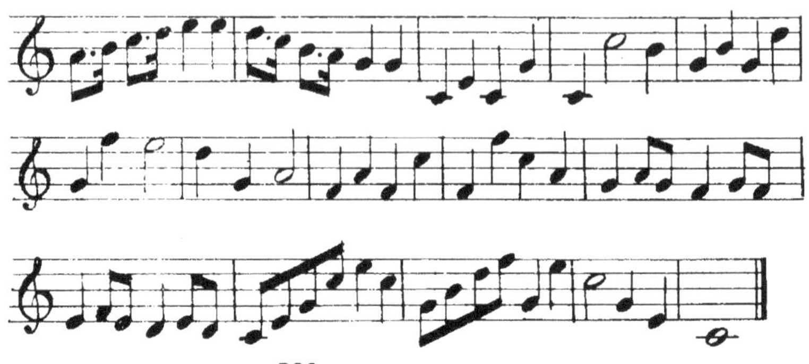

Mode mineur.

Gamme type.

Cette gamme type étant hors de la généralité des voix, il est nécessaire ici de la transposer. Pour nous renfermer dans le diapason que nous avons adopté jusqu'alors, nous continuérons à prendre do, pour tonique.

Gamme en do mineur.

Dans le mode mineur les tierces des accords parfaits premier et quatrième degrés, sont baissées d'un demi-ton; il n'en est pas de même de celui établi sur le cinquième qui reste comme dans le mode majeur, et cela pour ne pas enlever au septième degré son caractère de note sensible. Cette question a déjà été résolue dans la théorie.

Exercice type, dans le mode mineur.

N°13. 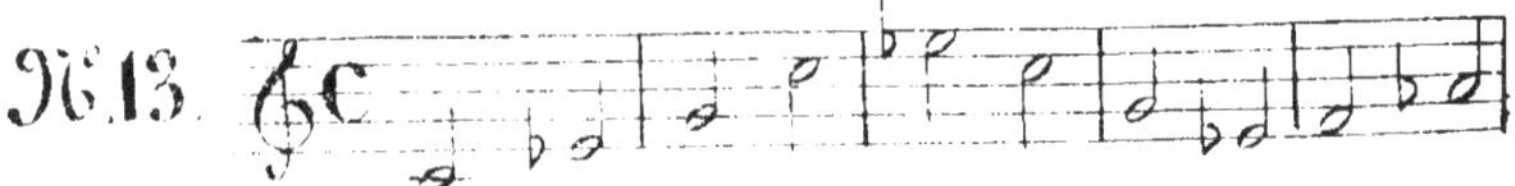

Exercice dans le mode mineur, composé des moyens mis en pratique jusqu'alors.

Exercice dans les deux modes, avec l'emploi de la liaison.

Exercice sur les modulations les plus naturelles.

Les modulations les plus naturelles, après le mode mineur relatif, sont celles qui entraînent le moins de changement dans l'armure de la clef. Ainsi donc lorsqu'il n'y aura rien à la clef, dans le mode majeur, les changements de ton se feront sentir par la présence du premier dièse, ou par celle du premier bémol dans l'ordre générateur.

Quand la modulation se fait dans le mode relatif mineur, c'est-à-dire lorsque l'armure reste la même, elle se présente avec la note sensible.

Il est nécessaire, avant d'aller plus loin, que l'élève s'exerce à apprécier les demi-tons ascendants et descendants.

Présence du premier dièse dans l'ordre générateur.
Modulation du ton de do en sol, mode majeur.

---

(1) Sol, qui était cinquième degré devient tonique, do le quatrième degré, les accords parfaits établis sur ces deux bases ne nous donnent rien de nouveau à expliquer. Vient celui posé sur le cinquième degré composé de ré, fa♯, la. En y ajoutant une tierce mineure on aura l'accord de septième cinquième degré ré, fa♯, la, do. Il se chante comme sol, si, ré, fa, les rapports étant les mêmes avec la différence seulement du point de départ.

Il faut bien se familiariser avec ce calcul qui facilitera considérablement l'intonation.

(2) L'effet du dièse étant détruit par le bécarre, on rentre dans le ton primitif; c'est-à-dire que do redevient tonique.

Présence du premier bémol dans l'ordre générateur, modulation du ton de do en fa. Mode majeur.

Nᵒ.17.

(1) Le premier bémol dans l'ordre générateur réclame pour tonique le quatrième degré du ton de do; en ajoutant, comme dans les exercices précédents une tierce mineure à l'accord parfait cinquième degré, on aura l'accord de septième *do, mi, sol, si* ♭, qui se chante comme *sol, si, ré, fa*, ou comme *ré, fa* ♯, *la, do*, sauf je le répète, la différence du point de départ. Les élèves ne pourront pas assez s'appesantir sur ce calcul qui, de prime-abord, est pour eux assez difficile à comprendre.

(2) L'effet du bémol étant détruit, le cinquième degré redevient le premier.

Exercice à deux temps brefs. Même principe d'intonation.
Nᵒ.18.
fin

Exercice sur la mesure binaire à $\frac{6}{8}$ (deux temps longs). Même principe d'intonation.

____

(1) Do ♯ est ici mélodique et non constitutif, c'est-à-dire qu'il ne change pas le ton.

Nous avons pris jusqu'à présent pour type de nos exercices, le ton de Do majeur et de Do mineur; il est nécessaire de faire connaître à l'élève les moyens à employer pour appliquer notre système aux changements d'armure. Par exemple, le ton de La majeur nécessitant, comme on l'a expliqué dans la théorie, la présence de trois dièses à la clef, les trois accords parfaits sur les notes tonales n'étant plus représentés par do, mi, sol; fa, la, do; sol, si, ré; peuvent de prime-abord, dérouter l'élève; mais en réfléchissant que la devenant premier degré (tonique) ré, devient le quatrième et mi le cinquième. En établissant des accords parfaits majeurs sur ces trois notes tonales du ton de la, on obtiendra la, do#, mi; ré, fa#, la; mi, sol#, si; de position identique à do, mi, sol; fa, la, do; sol, si, ré. Quant à l'accord de septième, le principe est le même que pour le ton de Do; il faut ajouter à l'accord parfait cinquième degré, une tierce mineure. Ce parallèle une fois compris, il sera facile de l'établir pour chaque changement de ton.

Accords parfaits en la.

Exercice dans le ton de la majeur.

Appliquons pour l'exercice suivant, qui est en ré mineur, les mêmes principes d'intonation que dans les leçons 14 et 15. Remarquez que ré étant premier degré, sol sera le quatrième et la le cinquième.

Accords parfaits tonals de ré.
Mode mineur.

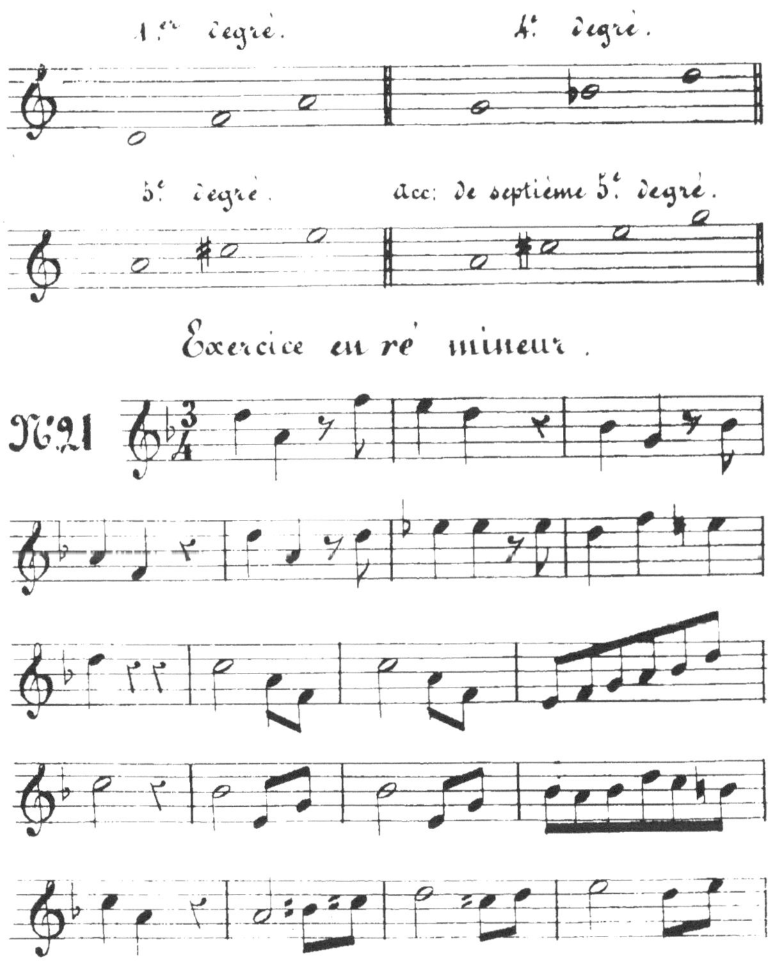

Introduction, dans les leçons qui suivent,

de l'accord de septième diminuée.

L'accord de septième diminuée a pour point de départ le septième degré (note sensible) du ton de sa résolution naturelle; cette résolution qui est la tonique, est le degré qui suit à la distance d'un demi-ton.

L'accord de septième est composé de la progression de trois tierces mineures, comme: sol ♯, si, ré fa. On remarquera qu'il diffère peu dans sa formation de l'accord de septième cinquième degré, puisqu'il n'y a que le point de départ qui est élevé d'un demi-ton. Ce changement, léger en apparence, donne à cet accord un caractère tout différent.

Exercice type, sur l'accord de septième diminuée.

№ 22

Exercice en la mode mineur. Intonation provenant des trois accords parfaits tonals, des accords de septième cinquième degré et septième diminuée.

N.° 23.

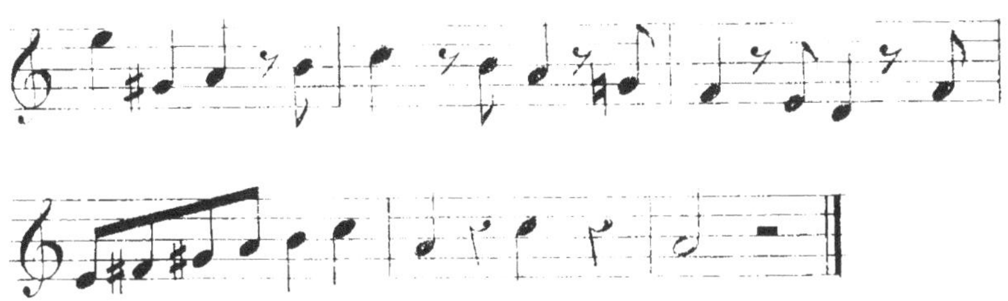

Exercice en *mi*♭ dans la mesure à trois temps longs. Modulation en *si*♭ qui se fait sentir par *la*♮, détruisant le troisième bémol dans l'ordre générateur. Retour dans le ton primitif par le *la*♭.

N°.24.

Exercice dans la Mesure $\frac{12}{8}$ (quatre temps longs).

L'élève devra s'appliquer à reconnaître dans les notes affectées de dièses ou de bémols, celles qui sont constitutives de celles qui sont seulement mélodiques. Les signes d'altération, lorsqu'ils sont constitutifs sont ordinairement résolus par l'accord parfait premier degré.

N°.25

fin. Mineur.

Dacapo.

FIN.